Gino Marcialis – Dario G. C. Querini

Die 50 Welt Cocktails

HÄDECKE VERLAG

Auszug aus dem im selben Verlag erschienenen Buch „Cocktails, Drinks & Longdrinks".

Printed in Italy.

ISBN 3-7750-0150-6

"The 50 World's Cocktails"

– das ist in der international geltenden, englischen Bar-Fachsprache der Begriff für 50 Cocktails, die von der IBA (International Bartenders Association) ausgewählt und für alle Länder verbindlich festgelegt wurden. Der Grund ist einleuchtend: Ob in New York oder Hongkong, London, Venedig oder Berlin – der Besucher einer guten Bar, der einen „Old fashioned“, „Sidecar“ oder „Paradise“ bestellt, um nur einige Beispiele zu nennen, sollte überall das gleiche Getränk erhalten.

Was für internationale „American Bars“ gilt, das kann man auch im kleineren Rahmen auf die Hausbar übertragen. Wer möchte nicht gerne seinen Gästen einen Weltcocktail vorsetzen, der genauso gut schmeckt wie in Harry's New York Bar oder bei Danieli in Venedig oder in Jimmy's Bar?

Aber Vorsicht – nicht nur die Mischungsverhältnisse der einzelnen Cocktails müssen stimmen, man sollte auch ausschließlich erstklasssige Produkte verwenden, um keine unliebsamen Überraschungen zu erleben ... Es lohnt sich, ein paar Mark, Schilling oder Franken mehr für einen guten Whisky, Cognac oder Gin auszugeben. Übrigens, welche Spirituosen zur Grundausstattung einer Hausbar gehören, erfahren Sie auf Seite 5.

Und wer nach den 50 Welt-Cocktails auf den Geschmack gekommen ist und Lust hat, einmal nach Herzenslust neue Getränke zu mixen und sich zu Long Drinks, Flips, Fizzes und wie sie alle heißen, anregen zu lassen, dem bietet der „große Bruder“ dieses Buches* rund 200 Rezepte, die ebenfalls alle farbig abgebildet sind. Außerdem erfährt er dort noch wesentlich ausführlicher alles Wissenswerte für die perfekte Bar.

Und nun viel Vergnügen beim Mixen!

Autoren und Verlag

*Cocktails, Drinks & Longdrinks von G. Marcialis und D. G. C. Querini, Hädecke Verlag, D-7252 Weil der Stadt.

Wissenswertes in Kürze

- Bei der Zubereitung eines Cocktails ist es für Anfänger besonders wichtig, die angegebenen Mengen und Mischungsverhältnisse genau einzuhalten, denn schon eine kleine Abweichung kann den Charakter des Drinks verändern.

- Um den Cocktail nicht zu „verwässern", den Shaker nur 6–8 Sekunden schütteln, weil damit nur die Temperatur herabgesetzt werden soll. Der Shaker wird von der Brust nach vorne weg fast waagerecht geschüttelt.

- Gekühlte Mixgetränke, die ohne Eis im Glas serviert werden, sollten wegen der Erhaltung der Temperatur und der besseren Optik in gekühlte Gläser eingeschenkt werden.

- Eisgefäße immer sauber halten. Eis zum Genuß nach Möglichkeit aus stillem Mineralwasser gewinnen, da Leitungswasser oft zu chlorhaltig ist, was den Geschmack des Drinks beeinträchtigt.

- Soll ein Mixdrink für mehrere Personen eingeschenkt werden, so reiht man die Gläser am besten im Randkontakt nebeneinander auf und füllt sie dann nacheinander mehrmals mit jeweils einem Teil der Flüssigkeit, bis alle Gläser gleichmäßig eingeschenkt erscheinen.

- Eiswürfel sollten ansehnlich sein. Daher schön trocken im Tiefkühlfach aufbewahren und nur jeweils einen kleinen Vorrat im Eiskübel griffbereit halten.

- Das für eisgekühlte Flüssigkeit verwendete Mixglas nur im kalten Wasser spülen, damit es nicht zerbricht.

- Die zur Garnierung verwendeten, geschnittenen Früchte wie Äpfel, Pfirsiche, Avocados etc. mit Zitronensaft beträufeln, damit sie nicht braun werden.

- Blütenblätter zur Dekoration von Mixgetränken rechtzeitig kurz spülen und in einer Schale mit kaltem Wasser schwimmend aufbewahren.

- Wichtig ist penible Sauberkeit. Jeder Gegenstand sollte seinen bestimmten Platz haben, was unerläßlich für rasches und reibungsloses Arbeiten ist.

Getränke und Zutaten für die 50 Weltcocktails

Verwendung: *** häufig
** gelegentlich
* selten

Spirituosen

Brandy	***
Gin	***
Calvados	**
Cognac	*
Jamaica Rum	*
Kirschwasser	*
Weißer Rum	***
Bourbon Whiskey	***
Canadian Whisky	*
Scotch Whisky	**
Wodka	*

Liköre

Apricot Brandy	**
Bénédictine	*
Chartreuse, gelb	*
Cointreau	***
Crème de Cacao	*
Crème de Cassis	*
Crème de Menthe	**
Crème de Noyaux	*
Curaçao	**
Curaçao blue	*
Maraschino	**

Sirupe

Grenadine Sirup	**
Orgeatsirup	*
Rosensirup	*
Zuckersirup	*

Apéritif-Weine und Bitters

Amer Picon	*
Campari	**
Dubonnet	*
Pernod	*
Portwein	*
Sherry, dry	*
Vermouth, dry	***
Vermouth, rosso	***

Sonstige Zutaten

Absinth	*
Ananassaft	**
Angostura	**
Cocktailkirschen	***
Cocktailzwiebeln	*
Eiweiß	*
Minzeblätter	**
Muskat	*
Oliven	*
Orangensaft	***
Pampelmusensaft	*
Sahne	*
Schwedenpunch	*
Selleriesalz	*
Sodawasser	**
Tabasco	*
Tomatensaft	*
Worcestershire-Sauce	*
Würfelzucker	*
Zitronensaft	***
Zitrusschale	**
Zitrusscheiben	**

Welcher Drink in welchem Glas?

Jedes Getränk besitzt eine von Geruchs- und Geschmacksempfindungen hervorgerufene „emotionale Komponente". Entsprechend sind Gläser weder nur Mittel zum Zweck, noch reine Dekorationsgegenstände: sie berücksichtigen Form und Funktion. Ob Bouquet und Aroma eines Getränkes sich voll entfalten und zur Geltung kommen können, hängt nicht zuletzt vom Glas und seiner Beschaffenheit ab. Dünn- oder dickwandige Gläser aus Glas oder Kristall, zur raschen oder verminderten Temperaturübertragung, mit sich verengenden oder erweiternden Öffnungen, mit oder ohne Stiel: das ist nicht primär nur eine Frage des persönlichen Geschmacks, sondern der geplanten Funktion, welche selbstverständlich auch ästhetischen Erfordernissen entsprechen sollte.

Dennoch gibt es keine Regel ohne Ausnahme. Von wenigen ehernen Traditionen abgesehen, hat der Gastgeber schon einen gewissen Spielraum bei der Auswahl seiner Gläser. Entsprechende Vorschläge sind bei jedem Rezept angegeben. Die klassischen Formvarianten, die im folgenden vorgestellt werden, sind in der Schema-Zeichnung wegen der Verdeutlichung nicht immer im richtigen Größenverhältnis zueinander abgebildet. Die Inhaltsangaben entsprechen dem gesamten Fassungsvermögen, wobei die Gläser selbstverständlich nicht bis zum Rand gefüllt werden dürfen.

Gläservielfalt

Cocktailschälchen
(auch: Coupes,
Cocktail-Bowl)

100–160 ml.

Whiskybecher
(auch: Old fashion,
Whiskytumbler,
Bo-Be), 150–250 ml.

Becher

(auch: Tumbler, Gobelets, Bibita)

200 - 280 ml.

Weinkelche

(auch: Goblets, Clarets)

150 - 190 ml.

Sektflöten

(auch: Spitzkelch, Flûtes)

150 - 230 ml.

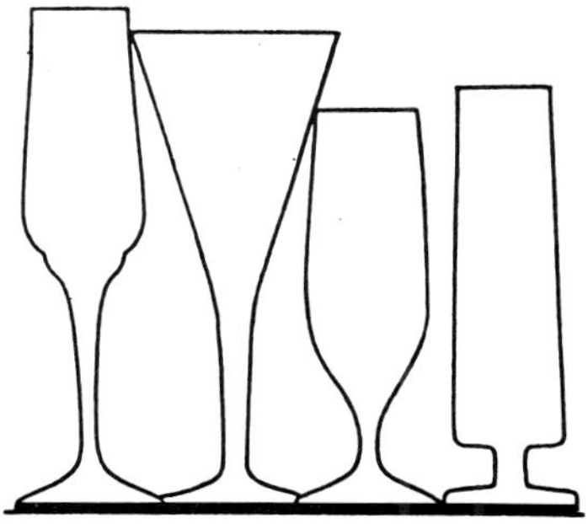

Südweinkelche

(auch: Sherry Glass, Copita)

80 - 130 ml.

Wermutgläser

(auch: Before-Dinner)

120 - 150 ml.

Bar-Utensilien

Gefäße

Eiskübel = Metall-, Kunststoff- oder Glasgefäß mit oder ohne Temperaturdämmung zur Aufbewahrung von Eiswürfeln.

Traditioneller Shaker = 3teiliger Schüttelbecher für 2–3 Portionen aus Inox-Stahl, mit und ohne Siebvorrichtung.

Boston-Shaker = Schüttelbecher für größere Mengen, dessen 2 Bestandteile aus Inox-Stahl und Spezialglas sich abdichtend ineinander einklemmen.

Meßbecher = aus Metall oder Glas, doppelseitig, zum Abmessen von 30 bzw. 40 ml einer Spirituose.

Mixing Glass = großes Mixglas zum Mixen und Rühren.

Geräte

Barspoon = langstieliger Barlöffel (Inhalt: 5 ml) zum Rühren im Mixglas, eventuell mit massivem Stößel zum Zerkleinern von einzelnen Eiswürfeln durch ein Tuch und zum Stoßen von Minzeblättern für Juleps und Smashes.

Cocktailpicker = vielgestaltige Spießchen für Kirschen, Früchte, Oliven etc.

Dash Bottle = kleine Spritzflasche mit Vorrichtung für die jeweilige Abgabe eines Spritzers einer Flüssigkeit.

Dropper = Tropffläschchen aus Metall oder Glas zur Abgabe einzelner Tropfen einer Flüssigkeit wie Angostura, Tabasco etc.

Eisschaufel = für gestoßenes Eis.

Eiszange = zum Herausnehmen einzelner Eiswürfel.

Gabel mit langem Stiel = zum „Herausfischen" von Cocktailkirschen, Perlzwiebeln etc. aus deren Aufbewahrungsgefäßen.

Ice Pick = Eishammer aus Metall oder Holz, zum Zerkleinern von Eiswürfeln; evtl. mit Flaschenöffner.

Korkenzieher = evtl. mit Flaschenöffner und Klinge für Flaschenversiegelungen.

Muskat-Reibe

Obstmesser = mit oder ohne Sägeklinge zum Schneiden und Aufspießen von Früchten.

Schälmesser = zum Früchteschälen.

Sektflaschenverschluß

Sektkorkenzange = für festsitzende Korken.

Stirer = Rührstab aus Plexiglas zum Rühren.

Strainer = Spiralsieb, klemmt sich in Gefäße mit unterschiedlichem Durchmesser ein. Zum Zurückhalten von Eis beim Absieben.

Straw = Trinkhalm, heute fast nur aus Plastik, in verschiedenen Größen und teilweise als Knickhalm.

Teaspoon = Tee- bzw. Kaffeelöffel mit 5 bzw. 3 ml Inhalt – dient auch zur Abmessung.

Zitruspresse

Zitrusschäler = Spezialschäler zur Gewinnung von Schale-Spiralen aus Zitrusfrüchten.

1- Adonis

Kat.: *Medium-Cocktail*
Glas: *Cocktailschälchen, Wermutglas*

2/3 *Sherry Dry*
1/3 *Vermouth Rosso*
1 *Tropfen Orange-Bitter*

Wird im Mixglas mit Würfeleis zubereitet: Zutaten in der Reihenfolge zugeben, rühren und abseihen.

2- Affinity

Kat: *Dry-Cocktail/Apéritif*
Glas: *Wermutglas*

1/2 *Scotch Whisky*
1/4 *Vermouth Dry*
1/4 *Vermouth Rosso*
2 *Tropfen Angostura*

Wird im Mixglas mit Würfeleis zubereitet: Zutaten in der Reihenfolge zugeben, rühren und abseihen.

3- Alaska

Kat: *Medium-Cocktail*
Glas: *Cocktailschälchen*

3/4 *Gin*
1/4 *Chartreuse Gelb*

Zutaten im Shaker mit 4–5 Eiswürfeln kurz schütteln und abseihen.

4- Alexander

Kat.: *Sweet-Cocktail/After Dinner*
Glas: *Cocktailschälchen*

1/3 *Brandy*
1/3 *Crème de Cacao, braun*
1/3 *Sahne*
Muskatnuß

Zutaten im Shaker mit 5–6 Eiswürfeln kräftig schütteln, in ein Glas abseihen und eine Spur Muskatnuß darüber reiben.

5- Angel Face

Kat.: *Medium-Cocktail*
Glas: *Cocktailschale, Südweinkelch*

1/3 *Dry Gin*
1/3 *Apricot Brandy*
1/3 *Calvados*

Zutaten im Shaker mit Eiswürfeln schütteln und abseihen.

6- Bacardi

Kat.: *Dry-Cocktail*
Glas: *Cocktailschale, Wermutglas*

3/4 *Bacardi Rum*
1/4 *Limetten- bzw. Zitronensaft*
2 *Dashes Grenadine-Sirup*

Zutaten im Shaker mit Würfeleis schütteln und abseihen.

7- Bamboo

Kat.: *Dry-Cocktail/Apéritif*
Glas: *Cocktailschälchen, Südweinkelch*

1/2	*Sherry Dry*
1/2	*Vermouth Dry*
1	*Dash Orange-Bitter*

Zutaten im vorgekühlten Mixglas gut rühren und in das ebenfalls vorgekühlte Trinkglas eingeben.

8- Bentley

Kat.: *Medium-Cocktail*
Glas: *Wermutglas, Cocktailschale*

1/2 *Calvados*
1/2 *Dubonnet*

Zutaten im Shaker mit Würfeleis schütteln und abseihen.

9- Between the Sheets

Kat.: *Medium-Cocktail*
Glas: *Cocktailschale*

1/3 *Brandy*
1/3 *Weißer Rum*
1/3 *Cointreau*
1 *Dash Zitronensaft*

Zutaten im Shaker mit Würfeleis schütteln und abseihen.

10- Block and Fall

Kat.:	*Medium-Cocktail*
Glas:	*Likörkelch, Südweinkelch*

1/3	*Cognac*
1/3	*Cointreau*
1/6	*Calvados*
1/6	*Pernod*

Zutaten im Shaker mit 3–4 Eiswürfeln kurz und kräftig schütteln und abseihen.

11- Bloody Mary

Kat.:	*Fancy-Cocktail/Pick me up*
Glas:	*Longdrink, Tumbler, Becher*

4 cl	*Wodka, gekühlt*
6 cl	*Tomatensaft, gekühlt*
2	*Dashes Worcestershire-Sauce*
1/2	*Zitrone (Saft)*
2	*Dashes Tabasco*
	Selleriesalz

Zutaten ins vorgekühlte Glas geben und gut umrühren. Nach Belieben können auch Eiswürfel dazugenommen werden; ggf. Glasgröße berücksichtigen.

12- Bobby Burns

Kat.: *Medium-Cocktail*
Glas: *Cocktailschale, Kleinbecher*

1/2	*Scotch Whisky*
1/2	*Vermouth Rosso*
3	*Tropfen Bénédictine*
	Zitronen- bzw. Orangenschale

In der vorgenannten Reihenfolge die Zutaten in das vorgekühlte Mixglas geben, umrühren, einschenken und die Zitrusschale über dem Drink ausdrücken.

13- Bombay on the Rocks

Kat.: *Medium-Cocktail/On the Rocks*
Glas: *Whiskybecher, Cocktailschälchen*

1/2 *Brandy*
1/4 *Vermouth Dry*
1/4 *Vermouth Rosso*
1 *Tropfen Pernod*
1 *Tropfen Curaçao*

Zutaten im Shaker mit 4–5 Eiswürfeln kräftig schütteln und on the Rocks abseihen. Nach Belieben kann dieser Drink auch pur gereicht werden; eventuell in Cocktailschälchen gießen.

14- Bronx

Kat.: *Medium-Cocktail*
Glas: *Cocktailschale*

1/3 *Dry Gin*
1/3 *frischer Orangensaft*
1/6 *Vermouth Dry*
1/6 *Vermouth Rosso*

Zutaten im Shaker mit Würfeleis schütteln und abseihen.

15- Brooklyn

Kat.: *Medium-Cocktail*
Glas: *Cocktailschale, Kleinbecher*

2/3 *Rye Whiskey*
1/3 *Vermouth Rosso*
1 *Tropfen Maraschino*
1 *Tropfen Amer Picon*

Zutaten mit 4–5 Eiswürfeln im Mixglas kurz rühren und abseihen.

16- Caruso

Kat.: *Medium-Cocktail*
Glas: *Cocktailschälchen*

1/3 *Gin*
1/3 *Vermouth Dry*
1/3 *Crème de Menthe, grün*

Zutaten im Shaker mit reichlich Würfeleis kurz schütteln und abseihen.

17- Casino

Kat.: *Dry-Cocktail*
Glas: *Cocktailschälchen*

3/4	*Dry Gin*
1/12	*Maraschino*
1/12	*Orange-Bitter*
1/12	*frischer Zitronensaft*
1	*Maraschino-Kirsche*

Zutaten im Shaker mit 3–4 Eiswürfeln schütteln, abseihen und mit der Kirsche garnieren.

18- Claridge

Kat.: *Medium-Cocktail*
Glas: *Kelch, Cocktailschale*

1/3	*Dry Gin*
1/3	*Vermouth Dry*
1/6	*Apricot Brandy*
1/6	*Cointreau*

Zutaten mit Würfeleis im Mixglas verrühren und in ein vorgekühltes Trinkglas abseihen.

19- Clover Club

Kat.: *Medium-Cocktail*
Glas: *Cocktailschale, Wermutglas*

2/3 *Dry Gin*
1/3 *Grenadine-Sirup*
1/2 *Zitrone (Saft)*
1/2 *Eiweiß*

Zutaten der Reihe nach im Shaker mit 3–4 Eiswürfeln kräftig schütteln und abseihen.

20- Czarina

Kat.: *Medium-Cocktail*
Glas: *Cocktailschälchen, Likörkelch*

2/4 *Wodka 50%*
1/4 *Vermouth Dry*
1/4 *Apricot Brandy*
1 *Tropfen Angostura*

Zutaten der Reihe nach auf Eiswürfel in ein Mixglas gießen, 6–8 Sek. rühren und abseihen.

21- Daiquiri

Kat.: *Medium-Cocktail*
Glas: *Cocktailschale*

3/4 *Weißer Rum*
1/4 *Limetten- bzw. Zitronensaft*
1/2 BL *Zuckersirup*

Zutaten im Shaker mit zerkleinertem Eis schütteln und in ein vorgekühltes Glas abseihen. Gelegentlich fügen Barkeeper 1 Dash Maraschino und eine Cocktailkirsche hinzu.

22- Derby new Fashion

Kat.: *Medium-Cocktail/On the Rocks*
Glas: *Whiskybecher, Cocktailschale*

4 cl *Dry Gin*
1 cl *Crème de Menthe, grün*
1 *Dash Blue Curaçao*
Minzeblätter

Zutaten im Shaker mit 3–4 Eiswürfeln schütteln, on the Rocks einschenken und mit den Minzblättern garnieren. Nach Belieben kann dieser Drink auch pur getrunken werden – ggf. in der Cocktailschale.

23- Diki-Diki

Kat.: *Dry-Cocktail*
Glas: *Cocktailschälchen*

2/3 *Calvados*
1/6 *Schwedenpunch*
1/6 *frischer Pampelmusensaft*

Zutaten im Shaker mit Würfeleis schütteln und abseihen.

24- Duchess

Kat.: *Medium-Cocktail*
Glas: *Südweinkelch, Likörkelch*

1/3 *Vermouth Rosso*
1/3 *Vermouth Dry*
1/3 *Absinth*

Zutaten im Mixglas mit wenig Eis gut verrühren und abseihen.

25- East India

Kat.: *Medium-Cocktail*
Glas: *Kelch, Cocktailschale*

3/4 *Brandy*
1/8 *Curaçao Orange*
1/8 *frischer Orangensaft*
1 *Cocktailkirsche*

Zutaten im Shaker mit Würfeleis schütteln und abseihen. Mit Cocktailkirsche garnieren.

26- Gibson

Kat.: *Dry-Cocktail/Apéritif*
Glas: *Cocktailschale*

5/6 *Gin*
1/6 *Vermouth Dry*
1 *Cocktailzwiebel*

Zutaten im Mixglas mit Würfeleis verrühren, abseihen und mit der Perlzwiebel garnieren. Nach Belieben kann eine Zitronenschale darüber ausgedrückt werden.

27- Gin and It

Kat.: *Medium-Cocktail*
Glas: *Cocktailschälchen, Südweinkelch*

1/2 *Gin*
1/2 *Vermouth Rosso*

Die gekühlten Zutaten werden direkt im ebenfalls vorgekühlten Glas mit dem Swizzle-Stick verrührt.

28- Grand Slam

Kat.:	*Medium-Cocktail*
Glas:	*Südweinkelch, Cocktailschälchen*

1/2	*Schwedenpunch*
1/4	*Vermouth Rosso*
1/4	*Vermouth Dry*

Zutaten im Shaker mit Würfeleis schütteln und abseihen.

29- Grasshopper

Kat.: *Sweet-Cocktail*
Glas: *Kelch, Cocktailschale*

1/3 *Crème de Cacao, weiß*
1/3 *Crème de Menthe, grün*
1/3 *Sahne*

Zutaten im Shaker mit zerschlagenem Eis schütteln und abseihen.

30- Manhattan

Kat.: *Medium-Cocktail*
Glas: *Cocktailschälchen*

2/3 *Canadian Whisky*
1/3 *Vermouth Rosso*
1–2 *Dashes Angostura*
1 *Maraschinokirsche*

Zutaten im Mixglas mit Würfeleis rühren, abseihen und mit der Kirsche garnieren.

31- Martini dry

Kat.: *Dry-Cocktail/Apéritif*
Glas: *Cocktailschälchen*

3/4 *Dry Gin*
1/4 *Vermouth Dry Martini*
1 *Olive, bzw. Zitronenschale auf Wunsch*

Zutaten im Mixglas mit Würfeleis verrühren, abseihen und mit der Olive garnieren, ggf. die Zitronenschale darüber ausdrücken.

32- Martini sweet

Kat.: *Medium-Cocktail*
Glas: *Cocktailschälchen*

2/3 *Dry Gin*
1/3 *Vermouth Rosso Martini*

Zutaten im Mixglas mit Würfeleis verrühren und abseihen.

33- Mary Pickford

Kat.: *Sweet-Cocktail*
Glas: *Spitzkelch, Cocktailschälchen*

1/2 *Weißer Rum*
1/2 *frischer Ananassaft*
1 BL *Grenadine-Sirup*
1 *Dash Maraschino*

Zutaten der Reihe nach im Shaker mit zerschlagenem Eis schütteln und ins vorgekühlte Glas abseihen.

34- Mikado

Kat.:	*Sweet-Cocktail*
Glas:	*Cocktailschälchen, Südweinkelch*

4 cl	*Brandy*
2	*Dashes Orgeat-Sirup*
2	*Dashes Crème de Noyaux*
1	*Dash Angostura*
2	*Dashes Curaçao*

Zutaten im Shaker mit zerschlagenem Eis kurz schütteln und abseihen.

35- Monkey Gland

Kat.: *Medium-Cocktail*
Glas: *Cocktailschale, Kelch*

3/5	*Dry Gin*
2/5	*frischer Orangensaft*
2	*Tropfen Grenadine-Sirup*
1	*Tropfen Absinth*

Zutaten mit 4–5 Eiswürfeln im Shaker kräftig schütteln und abseihen.

36- Negroni

Kat.: *Medium-Cocktail/Apéritif*
Glas: *Whiskybecher/Tumbler*

1/3 *Bitter Campari*
1/3 *Gin*
1/3 *Vermouth Rosso*
1/2 *Orangenscheibe*
evtl. Sodawasser

Zutaten direkt im Glas on the Rocks mit dem Swizzle-Stick verrühren und mit der Orangenscheibe garnieren. Nach Belieben Sodawasser dazugeben.

37- Old fashioned

Kat.:	*Dry-Cocktail*
Glas:	*Whiskybecher (old fashioned)*

1	*Zuckerwürfel*
5 cl	*Bourbon Whiskey*
1/2	*Orangenscheibe*
1/2	*Zitronenscheibe*
2	*Cocktailkirschen*
2–3 BL	*Sodawasser*
2	*Dashes Angostura*

Drink direkt im Glas zubereiten: Zuckerwürfel mit Angostura tränken, im Glas zerdrücken, mit Sodawasser auflösen, 2–3 Eiswürfel sowie den Bourbon dazugeben und vorsichtig umrühren. Mit den Früchten garnieren.

38- Old Pal

Kat.: *Dry-Cocktail/Apéritif*
Glas: *Cocktailschälchen*

1/3 *Rye Whiskey*
1/3 *Vermouth Dry*
1/3 *Bitter Campari*

Zutaten im Mixglas mit Würfeleis umrühren und ins vorgekühlte Glas abseihen.

39- Orange Blossom

Kat.: *Medium-Cocktail*
Glas: *Kelch, Cocktailschale*

1/2 *Gin*
1/2 *frischer Orangensaft*

Zutaten im Shaker mit Würfeleis schütteln und abseihen. Das Originalrezept sieht nur diese zwei Zutaten vor, es gibt allerdings Varianten mit Zuckersirup und/oder Rosenwasser.

40- Oriental

Kat.:	*Medium-Cocktail*
Glas:	*Cocktailschale, bzw. Tumbler*

2/4	*Rye Whiskey*
1/4	*Vermouth Rosso*
1/4	*Curaçao, weiß*
2 BL	*frischer Zitronensaft*

Zutaten im Shaker mit Würfeleis schütteln und abseihen. Dieser Drink kann auch on the Rocks serviert werden. Dann ein entsprechendes Glas benutzen.

41- Paradise

Kat.: *Medium-Cocktail*
Glas: *Cocktailschale, Kelch*

2/4 *Gin*
1/4 *Apricot Brandy*
1/4 *frischer Orangensaft*

Zutaten im Shaker mit Würfeleis schütteln und abseihen.

42- Parisian

Kat.: *Dry-Cocktail/Apéritif*
Glas: *Kelch, Cocktailschale*

2/5 *Gin*
2/5 *Vermouth Dry*
1/5 *Crème de Cassis*

Zutaten im Mixglas mit wenig Eis umrühren und abseihen.

43- Planters

Kat.: *Medium-Cocktail*
Glas: *Kelch, Cocktailschale*

1/2 *Jamaica Rum*
1/2 *frischer Orangensaft*
5 *Tropfen frischer Zitronensaft*

Zutaten im Shaker mit Würfeleis schütteln und abseihen.

44- Princeton

Kat.:	*Dry-Cocktail/Apéritif*
Glas:	*Cocktailschälchen, Südweinkelch*

2/3	*Dry Gin*
1/3	*roter Portowein*
2	*Tropfen Orange-Bitter*
1	*Zitronenschale*

Zutaten mit 4–5 Eiswürfeln im Mixglas verrühren, abseihen und die Zitronenschale darauf ausdrücken.

45- Rob Roy

Kat.: *Medium-Cocktail*
Glas: *Kelch*

1/2	*Scotch Whisky*
1/2	*Vermouth Rosso*
2	*Tropfen Angostura*
1	*Maraschinokirsche*

Zutaten im Mixglas mit Würfeleis verrühren, abseihen und mit der Kirsche garnieren.

46- Rose

Kat.: *Dry-Cocktail*
Glas: *Cocktailschälchen, Kelch*

2/3 Vermouth Dry
1/3 Kirschwasser
1/2 BL Rosensirup

Zutaten im Mixglas mit viel Würfeleis sehr kurz rühren und abseihen (mangels Rosen- kann auch Erdbeer- bzw. Johannisbeersirup verwendet werden). Nach Belieben mit einer Kirsche garnieren.

47- Sidecar

Kat.: *Dry/Medium-Cocktail*
Glas: *Kelch, Cocktailschale*

2/4 *Brandy*
1/4 *Cointreau*
1/4 *frischer Zitronensaft*

Zutaten im Shaker mit Würfeleis gut schütteln und abseihen. Die Variante für die Damen: mehr Cointreau, weniger Brandy.

48- Stinger

Kat.: *Sweet-Cocktail/After Dinner*
Glas: *Cocktailschälchen*

2/3 *Brandy*
1/3 *Crème de Menthe, weiß*

Zutaten im Shaker mit Würfeleis kurz und kräftig schütteln und in ein vorgekühltes Glas abseihen.

49- White Lady

Kat.: *Medium-Cocktail*
Glas: *Cocktailschale, Kelch*

2/4 *Gin*
1/4 *Cointreau*
1/4 *frischer Zitronensaft*

Zutaten im Shaker mit reichlich Würfeleis kurz und kräftig schütteln und abseihen. Süßere Variante für die Damen: mehr Cointreau, weniger Gin.

50- Za-Za

Kat.: *Medium-Cocktail*
Glas: *Cocktailschale, Südweinkelch*

1/2 *Gin*
1/2 *Dubonnet*
1 *Dash Angostura*

Zutaten im Mixglas mit Würfeleis rühren und abseihen.

Register

Die 50 Weltcocktails:

Das große Barbuch vom Profi für Profis und Liebhaber

Cocktails, Drinks & Longdrinks

DIE WELT DES COCKTAILS

Von Gino Marcialis und Dario G. C. Querini.

Das Barbuch, in dem jeder Drink farbig fotografiert ist.

Von Bild zu Bild findet man phantasievolle Serviervorschläge und Dekorationsideen. Jedes Rezept ist gut verständlich beschrieben und leicht zu mixen.

Gino Marcialis, der international renommierte italienische Barmeister präsentiert rund 200 Mixdrinks mit vielen Tips, Erfahrungen und allem Wissenswerten für die perfekte Bar. Ausführliche Beschreibung der über 30 Drinks-Kategorien, internationales Produktglossar und übersichtliche Gläserkunde „Welcher Drink in welchem Glas?“.

144 Seiten, 110 Fotos, Großformat 27 × 20 cm.

Glanzeinband oder Luxusausgabe in Ganzleder und repräsentativer, hochwertiger Ausstattung. Weitere Informationen bei

HÄDECKE VERLAG
D-7252 Weil der Stadt.

The 50 World's Cocktails